GRANDES PROPHÉTIES

DE M. TESTE

ANCIEN POTIER A LABRUGUIÈRE (Tarn).

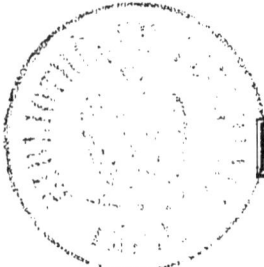

MÉMOIRE

OU

RECUEIL DE TOUS LES TITRES, PIÈCES ET DOCUMENTS

CONCERNANT CES PROPHÉTIES

PAR

M. S.-L. VABRET

ANCIEN NOTAIRE, AUJOURD'HUI RENTIER A LABRUGUIÈRE.

CASTRES

Imprimerie Abeilhou, rue de l'Hôtel-de-Ville, hôtel Jauzion.

1869.

AVERTISSEMENT.

La nouveauté, la singularité et surtout le merveilleux des révélations de M. Teste, seront, nous n'en doutors pas, autant de motifs, aux yeux prévenus de la plupart de nos lecteurs, pour se refuser à ajouter foi au récit des faits, quoique surabondamment prouvés, que nous nous proposons de porter à la connaissance du public, par le précis le plus fidèle et le plus exact qu'il nous sera possible d'en faire.

Les preuves que nous avons à faire valoir sont cependant les plus fortes, les plus puissantes, les plus concluantes et tout à la fois les plus victorieuses qui puissent commander la conviction, surtout en pareille matière, puisqu'elles n'ont d'autre objet que de démontrer par le témoignage unanime, écrit et signé d'un grand nombre de personnes dignes de foi, que les révélations dont il s'agit, qui sont nombreuses, complexes, précises et toutes importantes, ont été [faites plus ou moins de temps avant les événements annoncés, et accomplies dans les temps et les lieux indiqués, avec les diverses circonstances qui, d'après les prédictions, devaient les accompagner ou suivre.

Les prédictions dont il s'agit sont de deux espèces, savoir :

1° Celles qui sont aujourd'hui accomplies et qui étaient annoncées depuis le 29 septembre 1820, jour où la connaissance en a été acquise à M. Teste, et qui d'après tous les témoignages ont été vérifiées à la lettre;

2° Et celles à venir, qui ont été révélées à M. Teste depuis le 6 décembre 1867, plus importantes encore que les précédentes, qui doivent s'accomplir dans des temps plus ou moins éloignés, et dont une s'est déjà réalisée : nous voulons parler de l'élection de M. Reille comme député de l'arrondissement de Castres, ainsi qu'on aura lieu d'en faire la remarque en lisant ci-après, dans ce recueil, la copie d'une pièce authentique qui contient cette prédiction, faite un mois à l'avance.

Les prophéties de cette dernière catégorie, c'est-à-dire celles qui sont à réaliser, intéressant à un haut point l'humanité entière, et le gouvernement français étant saisi de cette affaire par l'envoi qui lui a été fait de toutes les pièces qui y sont relatives, la connaissance en appartient incontestablement au public.

C'est pourquoi nous avons cru qu'il était essentiellement de notre devoir de livrer à la publicité ce qui est et sera relatif à ces révélations, afin que l'expression de l'opinion publique qui se fera jour puisse venir, dans une affaire aussi sérieuse, servir de contre poids ainsi que de contrôle aux décisions que l'autorité croira devoir prendre concernant les exigences qui ressortent de ces prophéties.

N'ayant apporté dans toutes les démarches que nous avons faites jusqu'ici, dans une affaire aussi délicate que celle qui fait l'objet du présent mémoire, d'autres dispositions que le désir le plus sincère de découvrir la pure vérité, pour atteindre ce grand but, dégagé de toute préoccupation personnelle, nous nous sommes livré aux recherches les plus minutieuses, comme nous sommes disposé à nous livrer encore à toutes celles qui pourraient nous apporter quelque nouvelle lumière sur l'objet qui nous occupe, relativement aux nouveaux faits qui pourraient surgir et aux conséquences qui résulteraient de la nature même de ces faits.

Nous nous abstiendrons, quant à présent, d'entrer dans les considérations abstraites des rapports de vérité qu'il serait facile de découvrir, avec un peu d'attention, dans le sens même des prophéties à venir, eu égard au manque complet d'instruction et au défaut d'intelligence de leur auteur qui, si ces faits ne lui avaient pas été révélés, n'aurait jamais pu arriver par lui-même à se rendre compte de la liaison et des rapports plus ou moins éloignés, plus ou moins intimes qui existent visiblement, et du parfait accord et de l'harmonie qu'il a mis, sans le savoir, dans l'ensemble de ses dispositions prophétiques, ainsi que de la justesse qui ressort des idées qui les composent; circonstances qui démontrent d'une manière assez évidente que ces prophéties ne sont point l'effet d'idées préconçues, mais bien d'idées communiquées; ce qui, à notre avis, imprime un cachet remarquable de vérité à leur valeur.

Pour ne citer qu'un exemple, nous prions le lecteur d'examiner attentivement le projet de loi que dans la lettre que M. Teste a adressée à M. le baron Reille, ci-après transcrite, il lui fait un devoir de présenter au Corps législatif, touchant la position de l'ouvrier malheureux. Qu'il remarque les véritables causes, les bases, les justes motifs qui nécessitent l'émission d'une pareille loi, et surtout son opportunité en présence des mesures extrêmes qui sont encore en vigueur depuis mil huit cent soixante, et qui interdisent indistinctement et si cruellement à l'honnête homme malheureux comme au vagabond et au malfaiteur, le droit de demander à ses semblables une assistance qui est de droit naturel; qu'il examine, en outre, les sages et justes dispositions qu'on a lieu de remarquer dans les détails de ce projet de loi; qu'il mette ensuite en regard l'incapacité notoire de l'auteur de pareilles conceptions, et il restera convaincu qu'elles ne peuvent être dans l'esprit de M. Teste que l'effet d'une révélation.

Nous aurions une foule d'autres rapprochements à faire dans les autres prophéties à venir de M. Teste qui nous conduiraient, malgré nous, aux mêmes inductions; ce qui ne serait pas la partie de notre travail la moins intéressante et la moins instructive.

Mais d'autant qu'une pareille digression ne convient nullement au plan de cet ouvrage et surtout au but que nous nous sommes proposé, qui est de ne chercher à imposer, en aucune manière, nos propres convictions, ni d'influencer en aucune façon celles que chacun sera libre de se former par la simple lecture des documents que nous mettons sous ses yeux; nous nous félicitons d'avoir de légitimes motifs d'être dispensé de faire à ce sujet une dissertation qui pourrait paraître, de notre part, trop prétentieuse à plusieurs de ceux qui nous liront, en leur donnant occasion de penser que nous avons la ridicule ambition de vouloir cueillir des lauriers dans un champ qui n'est pas le nôtre et que nous ne cultivons, en effet, que dans le modeste et doux espoir d'en faire jaillir les vérités que nous y croyons enfouies, pour l'édification et l'utilité de nos semblables.

Ce sera le but constant de nos efforts, comme la réussite serait, pour nous, la plus digne et la plus douce récompense de nos travaux.

TITRES, PIÈCES ET DOCUMENTS

CONCERNANT LES PROPHÉTIES.

Pièce N° I.

COPIE

Des déclarations faites par vingt-deux témoins, attestant la vérité des prophéties accomplies de M. Teste.

Les soussignés attestent que M. Barthélemy Teste, autrefois potier, aujourd'hui sans profession, habitant à Labruguière, leur a fait, aux époques qui seront par eux ci-après indiquées, le récit suivant :

« A l'âge de trente-trois ans, un jour que j'étais extrèmement contrarié et fortement tenté de me livrer au désespoir, sur le soir, j'entrai dans une forêt qui est sur une montagne des Pyrénées-Orientales. Un fort orage vint m'y surprendre. Pour m'abriter, je me mis sous un grand arbre. La nuit étant survenue, je m'enfonçai, sans

le savoir, dans la forêt où je m'égarai. J'entendis le son
d'une cloche qui frappait deux heures. Des animaux
sauvages m'ont entouré et paraissaient vouloir me dévorer. Alors je dis : Mon Dieu ! avant de périr, donnez-
moi quelques moments pour me réconcilier avec vous !
A l'instant même une étoile venant du ciel tomba à mes
pieds. Le vif éclat de ce météore dissipa ces animaux
que je ne vis ni n'entendis plus. J'aperçus un papier
fixé sur un arbre, écrit en caractères rouges qui prédi-
saient des processions qui devaient se faire dans tout
l'univers. J'entendis la voix d'un enfant paraissant avoir
de quatre à cinq ans qui chantait près de moi. Je lui
demandai où est-ce qu'il avait son papa. Il me répondit
vivement, en me demandant ce que je désirais. Me trou-
vant égaré, je lui demandai le chemin que je devais
suivre pour sortir de la forêt. Il se baissa et il ramassa à
ses pieds un peu de terre, la divisa en trois parties et en
forma trois petites boulettes qu'il mit dans ma main. Je
lui dis alors : Que veux-tu que j'en fasse ? ce n'est que
de la boue!.... Il me répondit alors qu'elles allaient
durcir comme un caillou, ce qui arriva en effet ; mais
bientôt après ces petites boules furent changées en trois
fleurs : une blanche, l'autre bleue et la troisième rouge.

» Il me dit :

» 1° Que ces couleurs devaient reparaître en France
en 1830. Qu'il y aurait une révolution qui commencerait
le 27 et finirait le 30 juillet de la même année ;

» 2° Que peu de temps après cette révolution, le
nommé Louis-Napoléon Bonaparte ferait des tentatives
pour s'emparer du pouvoir ; que néanmoins il ne réussirait pas ; que ce prince étant détenu s'évaderait ; qu'il
serait, dans son évasion, secouru et aidé par un capitaine ;

» 3° Qu'en 1845 devait avoir lieu un tremblement de terre, qui commencerait à dix heures trois minutes et finirait à onze heures du matin (la Guadeloupe);

» 4° Que le 24 février 1848 une seconde révolution devait éclater en France, par suite de laquelle le prince régnant serait renversé; que la République serait proclamée; que le prince Louis-Napoléon Bonaparte serait élu Représentant du peuple, ensuite choisi pour Président de la République, et plus tard enfin élevé à l'éminente dignité d'Empereur des Français;

» 5° Qu'en 1853 il éclaterait de forts orages, qui déracineraient les arbres et renverseraient les maisons;

» 6° Que le 24 février 1854 commencerait une guerre qui devait durer jusqu'en 1855; que l'Empereur des Français serait victorieux, et que vers ce temps il y aurait des années stériles;

» 7° Qu'en 1858 il y aurait une guerre qui commencerait le 21 mai et finirait dans le mois de septembre, même année; que l'Empereur des Français serait victorieux;

» 8° Qu'en 1860 la mendicité serait interdite en France;

» 9° Que les années 1864 et 1865 seraient des années d'abondance;

» 10° Que durant les années 1866 et 1867, un pays conquis par la France serait complètement ravagé par des nuées de sauterelles, qui dévoreraient tout;

» 11° Que les ennemis de la Papauté livreront au Pape une guerre acharnée, et qu'il restera toujours victorieux de toutes les tentatives qu'on fera contre lui;

» 12° Que la dynastie de la famille qui régnera en France ne sera point renversée, et que l'héritier présomptif de la couronne est destiné à succéder à Napoléon III, son père, pour régner après lui;

» 13° Que le dernier Maréchal de France de l'Empire devait mourir au moment où le Président de la République, étant sur le point d'être trahi, se rendrait victorieux de tous ses ennemis;

» 14° Qu'en 1879 il surgira de terre, dans toutes les nations, une telle quantité de chenilles, que la terre et les arbres en seront tout couverts et que tous les végétaux en seront dévorés; que faute d'aliments les animaux même domestiques se précipiteront sur les personnes pour les dévorer; que le seul moyen d'éviter cette grande calamité serait d'exécuter la chose que le sieur Teste a à révéler, qui doit encore rester secrète. »

Labruguière, le 1er septembre 1868.

Suivent les déclarations et les signatures individuelles des témoins.

Sur mon honneur et ma conscience, je déclare que le sieur Barthélemy Teste m'a dit bien des fois, en 1824, tout ce qui précède, et que tout est arrivé de point en point, comme il me l'avait dit, sans aucune exception. — Puyo Joseph, signé.

Je déclare que le sieur Teste Barthélemy nous a prédit toutes ces choses, il y a vingt ans. — Bourdiol, signé.

Je déclare que le sieur Teste Barthélemy, en 1826, nous a prédit toutes ces choses. — Victor Vidal, signé.

Je déclare que le sieur Teste Barthélemy m'a prédit plusieurs fois toutes les choses qui sont arrivées depuis l'année 1842, tout ce qu'il fait valoir. — Bonnet, signé.

Je soussigné déclare que le sieur Teste Barthélemy, il y a vingt ans, raconte toutes les choses qu'il fait valoir. — JOUVEN, signé.

Je soussigné déclare que le sieur Teste Barthélemy, en 1848, m'a raconté toutes ces choses, et que tout ce qu'il fait valoir est arrivé, et qu'il m'a dit que Bonaparte parviendrait Empereur. — Auguste ARMENGAUD, signé.

Je soussigné déclare que le sieur Teste Barthélemy m'a raconté beaucoup de choses en 1845, et moi je ne voulais pas l'écouter, lui disant que ce n'était pas vrai; et à présent toutes ces choses sont arrivées, telles qu'il les a annoncées. — DOUGADOS Joseph, signé.

Les révélations du sieur Teste Barthélemy m'ont été faites en juillet 1827. — Pour mon père : A. PUYO, signé.

Les révélations du sieur Teste Barthélemy m'ont été faites l'an 1843. En foi de quoi je délivre la présente attestation. Il nous a dit qu'en 1848 nous aurions la République. — LANDES Frédéric, signé.

Je déclare qu'en 1845, le sieur Teste Barthélemy a prédit beaucoup de choses qui sont toutes arrivées. — MARLIANES, signé.

Je soussigné déclare que le sieur Teste Barthélemy, en 1825, m'a raconté que Louis Bonaparte serait Président de la République, et qu'il deviendrait Empereur des Français. — Pierre BOUSQUET, signé.

Je déclare que le sieur Teste Barthélemy nous a prédit, il y a plus de vingt ans, toutes ces choses. — Louis ROUANET, signé.

Je déclare que le sieur Teste nous a raconté toutes ces choses, il y a une quinzaine d'années. — J. ESCANDE, signé.

Je déclare que j'ai entendu raconter par le sieur Teste

Barthélemy, depuis 1850, les prédictions qu'il annonce.
— François DELPUECH, signé.

Je déclare avoir entendu dire à Barthélemy Teste, en 1840, qu'en 1845 il y aurait un tremblement de terre et en 1848 une République, et qu'il se présenterait Louis Bonaparte qui deviendrait Empereur et qu'il le serait en 1855. — BOUCHE Victor, signé.

Je déclare que le sieur Teste Barthélemy a dit, en 1827, que nous aurions une révolution le 27 juillet 1830 et qui finirait le 30 du même mois et de la même année, et que Louis Bonaparte ferait des tentatives pour arriver au pouvoir; qu'il ne réussirait pas et qu'il serait retenu et secouru par un capitaine, et qu'il parviendrait Empereur des Français; et plus, autres choses que je ne me rappelle pas. — CROS F., signé.

Je déclare que Teste Barthélemy me dit, après l'année 1848, que Napoléon III deviendrait Empereur des Français après 1850. En foi de ce, je lui ai délivré le présent. — BONNET, signé.

Je déclare que Teste Barthélemy, après l'année 1841, a proclamé dans une société beaucoup de choses qui sont toutes arrivées. — Louis ROUANET, signé.

Je soussigné certifie que le sieur Teste Barthélemy m'a prédit, en 1846, que dans l'année 1848 il y aurait une République; que Louis-Napoléon serait nommé Représentant de la République, un an après serait Président. — CHABBERT Auguste, signé.

Je soussigné certifie que le sieur Teste Barthélemy a prédit que le prince Louis-Napoléon Bonaparte serait Président, et en 1852 Empereur des Français; et qu'en 1866 et en 1867 les sauterelles ravageraient un pays que la France a conquis. — FOURNÉS Frédéric, signé.

Suit la légalisation des signatures.

Nous Joseph Pagès, adjoint à la mairie de Labruguière (Tarn), en l'absence de M. le maire, certifions que les vingt-deux signatures qui précèdent sont celles des personnes qu'elles désignent, toutes habitant à Labruguière, à la seule exception de celle de Pierre Bousquet qui est domicilié dans une autre commune, et dont, pour cette raison, nous n'avons pu attester l'origine.

Labruguière, le 2 avril 1869.

Joseph PAGÈS, adjoint, signé.

Une copie entière et exacte, dûment collationnée, de cette intéressante et importante pièce, a été déposée au secrétariat de la mairie de Labruguière, en vertu d'un procès-verbal dressé par le premier adjoint de cette mairie, à la date du 22 avril 1869, qu'on trouvera plus loin.

Pièce N° 2.

COPIE

De la supplique adressée à l'Empereur par
M. Vabret, au nom de M. Teste.

Labruguière, le 20 mars 1867.

A Sa Majesté Napoléon III, Empereur des Français.

Le soussigné a l'honneur d'exposer très-respectueusement à Votre Majesté ce qui suit :

Le sieur Teste Barthélemy, ancien potier, habitant à
Labruguière (Tarn), étant illettré, a cru devoir s'adresser
à moi pour me prier de lui prêter le faible concours de
ma plume, à l'effet de pouvoir faire attester et soumettre
à la haute appréciation et à la toute puissante protection
de Votre Majesté, les faits extraordinaires concernant les
prophéties de bien des événements accomplis, et celles
bien moins nombreuses mais plus importantes encore
d'événements à venir.

Avant de satisfaire au désir du sieur Teste, malgré
tout ce qu'il a pu dire pour me persuader au sujet de
ses prophéties ; me défiant, comme la prudence m'en
faisait un devoir, du charlatanisme et des illusions qui
auraient pu s'y trouver plus ou moins mêlés, j'ai dû

prendre toutes mes mesures pour ne pas m'exposer à être victime d'une humiliante mystification, et m'assurer par le témoignage imposant d'un grand nombre de personnes de la localité, que ces prédictions sont réelles.

Les informations multipliées, minutieuses et consciencieuses que j'ai prises auprès des uns, et les signatures qui ont été obtenues des autres, ne me laissant aujourd'hui aucun doute sur l'authenticité de ces révélations, qui sont, du reste, de notoriété publique, j'ai cru pouvoir et devoir même engager ma responsabilité personnelle, en affirmant, en toute sincérité, ce que je crois être la vérité.

Toutes ces révélations, selon les divers témoignages recueillis, et d'après un bien plus grand nombre d'autres qu'on pourra recueillir encore si on le désire, sont nombreuses, complexes, précises, ont toutes trait à des événements importants, ont été faites plus ou moins de temps avant les événements, et ont été accomplies dans les temps et les lieux précisés, avec les diverses circonstances qui, d'après les prédictions, devaient les accompagner ou suivre.

Le sieur Teste, aujourd'hui plus qu'octogénaire, a acquis le don de prophétie à l'âge de trente-trois ans. Il y a donc environ quarante-huit ans qu'il annonce dans la ville de Labruguière et aux environs à qui a voulu les savoir, les principaux événements politiques et autres qui devaient se réaliser en France ou à l'étranger jusqu'à ce jour, en y comprenant la révolution de 1830, et ceux d'une immense portée, comme on aura lieu de le remarquer, qui doivent s'accomplir plus tard et qui intéressent à un haut point l'humanité.

Il a ainsi commencé en 1820 de prédire l'avenir; et

depuis lors, sans jamais se lasser, et sans se laisser jamais rebuter ni décourager par le ridicule ou l'indifférence que sa prétendue folie inspirait aux uns, ni par les plaisanteries et les moqueries qu'elle provoquait des autres, ni par l'incrédulité de tous, il a constamment dit et répété invariablement dans le public toujours les mêmes choses qu'il disait devoir arriver, toutes les fois que l'occasion s'en présentait; lesquelles sont attestées par les signatures d'un certain nombre de personnes, qui ont été apposées à la suite d'une attestation qui accompagnera cette humble supplique.

En faveur de l'importance que le sieur Teste et le soussigné lui-même, après y avoir mûrement réfléchi, attachent à ces prédictions, je ne crois pas trop présumer de l'extrême bonté et de l'extrême indulgence de Votre Majesté, en espérant qu'il lui plaira vouloir bien daigner excuser la longueur de quelques détails que, dans une matière aussi sérieuse, je crois qu'il est essentiel de lui faire connaître.

Le sieur Teste est sans instruction; c'est un homme rustique et simple. Il parle à l'endroit de ses prophéties avec le ton, l'assurance et la conviction que donne la certitude. C'est ainsi qu'il a prédit les événements passés; c'est ainsi qu'il prédit aujourd'hui ceux qu'il prévoit devoir arriver.

La simplicité de son intelligence, de ses connaissances, de ses mœurs, de son caractère ne permet à qui que ce soit de penser qu'il ait inventé et ourdi dans son esprit rien de ce qu'il prédit. Il le dit avec naïveté, avec abandon, sans emphase, sans tergiversation, sans indécision, comme un écolier réciterait la leçon qu'il aurait apprise de son maître, avec la même assurance que si les faits qu'il annonce étaient accomplis ; et l'expérience d'un demi-siècle est venue attester à n'en pouvoir douter la certitude et la justesse de ses prévisions.

Tout est, dans les mains du Tout-Puissant, instrument à l'accomplissement de ses impénétrables desseins ; la simplicité de l'intelligence la plus bornée, comme le génie le plus élevé.

Les prophéties du sieur Teste se divisent en deux phases. La première qui comprend tout le temps qui s'est écoulé depuis le 29 septembre 1820, jour auquel les premières révélations lui ont été faites, jusqu'au 6 décembre 1867, jour où les dernières ont eu lieu ;

Et la seconde qui prend date de cette dernière époque.

Mais tandis que les révélations comprises dans la première période sont nombreuses, complexes, détaillées et n'ont néanmoins influé en rien sur les événements ; celles comprises dans la seconde ne se composent, au contraire, sauf celles relatives et communes aux faits dont il va être parlé et qui doivent encore rester secrètes, que de deux grands faits simples qui doivent arriver l'un en 1879, qui fait mention d'une famine générale et est le dernier de l'attestation précitée, et un autre qui ne doit arriver qu'en l'année 1999, qui n'en fait pas partie et qui est relatif à un enfant prédestiné qui doit naître alors, à qui sera confiée la divine mission de niveler toutes les croyances et d'établir partout parmi les hommes l'unité de la foi.

Si maintenant nous cherchons à pénétrer le sens providentiel qui apparaît de ces prophéties, ne semblera-t-il pas que celles comprises dans la première période, qui n'ont influé en rien sur aucun des événements accomplis, n'ont été faites en si grand nombre, d'une manière si détaillée et si précise, que pour n'avoir d'autre objet que de servir de prélude et de préparation à celles comprises dans la seconde ; afin que par les premières qui ont toutes été accomplies à la lettre, on fût forcé d'ajouter foi aux dernières dont la portée embrasse toute l'humanité, soit par l'immense désastre annoncé pour 1879, qui n'aurait eu jusques-là aucun précédent dans l'histoire, soit par la haute mission non moins importante, qui n'a rien de contraire aux divines Ecritures qu'elle confirmerait plutôt, qui est signalé par l'avènement du grand homme annoncé pour 1999.

Et aussi, afin de ménager ainsi à la génération présente, en suivant les prescriptions du prophète, les moyens d'éviter les effets désastreux du sinistre événement prédit.

Et aux générations à venir, ceux de mieux profiter de l'insigne faveur qui leur serait accordée par l'heureux avènement de l'enfant prédestiné que le sieur Teste annonce.

Or, ce dernier, en prédisant la famine générale qui, d'après lui, doit avoir lieu en 1879, comme il a prédit d'une manière si juste et si remarquable celle particulière d'Afrique pour 1866 et 1867, assure avoir été instruit par la même voix de l'une comme de l'autre, ainsi que des moyens par lesquels il serait possible de conjurer le fléau prédit pour 1879, avec le concours et la puissante intervention de ceux qui président à la destinée des peuples.

Cela étant, et l'exactitude avec laquelle les prédictions de la première période ont été réalisées devant être la mesure de la foi que l'on doit aujourd'hui ajouter à ce que le sieur Teste assure devoir encore inévitablement arriver, il importerait essentiellement, ce semble, en présence, d'une part, de faits d'une si grande importance, et, d'autre part, du matérialisme et du rationalisme qui menacent de tout envahir, de justifier par le témoignage le plus imposant possible la vérité des prophéties accomplies, pour convaincre les uns et déjouer les efforts opposés de l'incrédulité invincible des autres, de manière à ce que les dires du sieur Teste sur les mesures générales qui lui ont été indiquées, et que l'on devrait mettre en usage pour éviter le fléau redouté, soient assez crus pour pouvoir en obtenir la mise en œuvre des grands personnages qui y devraient concourir.

Quoique la déclaration écrite plus haut ramenée dût être dans toute autre matière bien plus que suffisante pour établir incontestablement les faits qu'elle renfermerait; ici où il s'agit de choses surnaturelles, les diverses attestations qu'elle contient ne seraient de quelque poids tout au plus qu'aux yeux des rares intelligences dont la rectitude de jugement et de raison a assez d'empire sur les préjugés les plus enracinés, pour revendiquer par la preuve, l'évidence et l'inexorable logique des faits amplement attestés, tous ses droits contre les préventions d'un matérialisme imbécile qui n'a d'autre règle de croyance que ce que peuvent attester les sens qui sont eux-mêmes si sujets à nous tromper; car Dieu peut infiniment plus faire que l'homme ne peut comprendre.

En conséquence, le sieur Teste et le soussigné se joignant à lui, dominés qu'ils sont par la haute importance qu'ils attachent aux prédictions non encore réalisées et par le besoin impérieux et irrésistible qu'ils éprouvent de voir adopter, dans un but général de salut commun, les mesures préservatrices que le sieur Teste a à révéler,

Ont l'honneur de soumettre très-humblement leur vœu, tendant à ce qu'il plaise à Votre Majesté daigner ordonner qu'une enquête soit ouverte, sur les lieux, par les autorités locales ou mieux encore par un délégué, à l'effet de faire constater de la manière la plus irrécusable, que les nombreuses prédictions que le sieur Teste a faites pendant environ quarante-huit ans, ont toutes été accomplies de point en point avec une rigoureuse exactitude.

Il y a près d'un demi-siècle, le 5 mai 1821, s'éteignait dans une île lointaine, au milieu des mers, une grande existence.

Le vif éclat qu'elle projetait au loin semblait ne devoir éclairer dans la suite des temps, que les immortelles œuvres de son puissant génie et les justes et indélébiles regrets que la gloire en deuil gravait profondément, sans compensation, sur son trop rapide passage.

Mais par un étrange effet des mystérieux arrêts du destin, sur la tombe qui venait de s'ouvrir planaient les secrets de l'avenir naguère dévoilés à l'intelligence la plus humble, pour faire reluire sur la teinte rembrunie d'un horizon chargé de tempêtes, le doux et consolant rayon de l'espérance.

Servir de précurseur à un autre grand homme semblable au premier, qui en comblera le vide.

Et aussi pour être elle-même une personnification vivante du trait-d'union qui relie dans une même appellation, comme dans une semblable destinée, les deux plus grandes célébrités des temps modernes.

Une autre circonstance m'a frappé dans le contenu des

prévisions demi-séculaires de notre prophète : c'est d'y voir un nom qui devait jouer un si grand rôle dans le monde, et laisser des traces si profondes dans l'histoire des peuples, lui apparaître immédiatement à la suite de la révolution de 1830, malgré ses revers dont il esquisse d'une manière précise la cause et la fin, comme un rapide et brillant météore qui n'a permis aux yeux éboulis du merveilleux narrateur de ne rien voir du gouvernement de dix-huit années d'existence qui devait succéder à cette catastrophe.

Et comme unique point de mire, ce même nom, symbole et tout à la fois sentinelle avancée de l'ordre, reparaître aux yeux du prophète après ces dix-huit années, seul planer, grandir et devenir de plus en plus éclatant sur les débris amoncelés de deux trônes successivement brisés, pour ne cesser de suivre pas à pas son héros dans la lointaine perspective de ses lumineuses et prophétiques visions !....

Il le voit, instrument irrésistible d'une puissance occulte, dans son élan impétueux foudroyant sur son passage et dispersant au loin en éclats tout ce qui fait obstacle à sa marche triomphale, franchir à pas de géant ou pour mieux dire à vol d'aigle, sur des abîmes insondables, les spacieux et fragiles degrés près de crouler sous lui qui le séparaient de sa rapide et suprême élévation !

L'accompagne sur les champs de bataille pour être le témoin mystérieux, invisible et providentiel de ses valeureux et brillants exploits !

Le montre d'avance avec orgueil aux générations futures, son front, poudreux et bruni, deux fois couronné de lauriers des mains de la victoire !

Lui promet un digne descendant qui perpétuera son nom et sa gloire!

Et, augure d'un destin propice qui ne le trompa jamais, il consacre enfin dans son intéressante histoire anticipée, une si sublime destinée par l'assurance infaillible que le règne de ce nom alors mystérieux, ainsi que sa dynastie, résisteront à toutes les secousses pour rester l'un et l'autre toujours fermes et inébranlables.

L'être intelligent qui refuserait de voir, dans ces divers traits, les caractères prophétiques qui les distinguent essentiellement, mériterait de ne rien voir!

Que ne puis-je, comme par l'effet d'une étincelle électrique, communiquer à tout cœur français la vive foi que j'ai en un si heureux présage, pour ranimer la confiance des honnêtes gens, déconcerter les funestes et pernicieux projets des ennemis de l'ordre, et donner ainsi un gage et une garantie de plus à la paix et à la sécurité publiques.

Qu'il me soit permis, Sire, de saisir avec empressement une si belle et si heureuse occasion d'oser porter aux pieds du trône de Votre Majesté, pour sa propre félicité, pour celle de son Auguste famille, pour le bonheur de la France et pour le repos du monde, la vive expression des humbles et sincères hommages et des très-respectueuses félicitations de celui qui a l'honneur de se dire,

Avec le plus profond respect, &.

Pièce N° 3.

COPIE

D'un procès-verbal dressé par M. l'adjoint au maire de la commune de Labruguière, constatant le dépôt au secrétariat de cette mairie d'une copie collationnée de l'attestation qu'on a déjà lue; ce procès-verbal contenant, en outre, de nouvelles prédictions de M. Teste.

L'an mil huit cent soixante-neuf et le vingt-deux avril, à Labruguière, dans notre domicile,

Devant nous Joseph Pagès, adjoint à la mairie de Labruguière, arrondissement de Castres, département du Tarn,

A comparu M. Jean-Louis Vabret, ancien notaire, aujourd'hui rentier, habitant dans cette ville;

Lequel nous a exposé qu'ayant été commis par M. Barthélemy Teste, autrefois potier, aujourd'hui sans profession, habitant audit Labruguière, pour faire valoir auprès du chef suprême de l'État, une attestation couverte de 22 signatures, affirmant la vérité des prophéties que ledit sieur Teste a faites dans le public, depuis l'année 1820 jusqu'à ce jour; et étant en possession de cette pièce, le comparant, avant de s'en dessaisir, et pour se conformer au désir du sieur Teste, nous l'a exhibée avec une copie entière conforme qui en avait été faite, en nous priant de vouloir bien collationner cette pièce avec l'original, d'en attester la fidélité, d'en constater le dépôt au secrétariat de la mairie et de dresser du tout procès-verbal.

Nous dit adjoint, déférant à la prière du comparant, après nous être assuré que l'une de ces pièces est une copie entière et exacte de l'autre, par la collation qui en a été faite, en présence des témoins ci-après désignés, avec l'original qui est daté à Labruguière du 1er septembre 1868 et commence par ces mots : « les soussignés attestent » et finit par ceux-ci : « la chose que le sieur Teste a à révéler et qui doit encore rester secrète »; à la suite desquels mots sont la date, les signatures et la légalisation de ces signatures, que nous dit adjoint en avons faite,

Avons reçu en dépôt cette copie au secrétariat de la mairie pour faire partie de ses archives, faire la même foi que l'original, en tenir lieu, être annexée au présent pour ne faire qu'un avec lui, et être délivré du tout autant d'expéditions que besoin sera.

Ledit sieur Vabret nous a déclaré que le but du présent acte de dépôt est d'imprimer à la copie qui en fait l'objet le même caractère d'authenticité qu'avait l'original, afin que cette pièce serve pour l'avenir à la commune de Labruguière de monument, tant pour l'incontestable vérité des prophéties accomplies, que pour servir ultérieurement de base à la vérification d'autres

faits que le sieur Teste assure devoir arriver à des époques plus ou moins éloignées; à savoir :

1° Que le baron Reille sera élu député pour l'arrondissement de Castres aux prochaines élections;

2° Que ce député proposera au gouvernement ou au
Corps législatif une loi qui sera adoptée, par laquelle il
sera créé un impôt d'un centime par personne et par
jour, pour former une masse annuelle au profit du pau-
vre travailleur impuissant à gagner sa vie par incapacité
de travail, pour cause de maladie, infirmité ou vieil-
lesse;

3° Que les faits relatés dans l'art. 14, qui est le dernier de l'attestation qui fait l'objet du présent acte de
dépôt, s'accompliront de la manière y indiquée, si les
gouvernements n'adoptent point les mesures préservatrices que le sieur Teste a à révéler;

4° Qu'en l'année 1999 doit naître un enfant extraordinaire qui aura reçu du ciel la divine mission de niveler
toutes les croyances et d'établir partout parmi les hommes l'unité de la foi.

Le comparant déclare que les événements qui font
l'objet des quatre articles qui précèdent ont été omis
dans l'attestation déposée, à la seule exception de celui
ci-dessus qui compose l'article 3 et qui fait le sujet de
l'article 14 de la pièce déposée, parce que le sieur Teste
n'a eu connaissance de ces faits que depuis peu de temps
par l'effet d'une nouvelle révélation qui lui a été faite
depuis 1867.

Avant la clôture du présent, ici est intervenu le sieur
Teste qui, après avoir pris connaissance de tout ce qui
précède par la lecture que nous dit adjoint lui en avons
faite, a déclaré adhérer à tout son contenu et le con-
firmer dans toutes ses parties.

Et de tout ce dessus nous avons dressé le présent procès-verbal, les jour, mois et an que dessus, en présence des sieurs Paul Gasc, maître cordonnier; Prosper Guibbaud, maître menuisier; Joseph-Baptiste Vaute, pensionnaire de l'État, et Jean-Baptiste Tort, garçon menuisier, tous habitant à Labruguière, témoins requis qui, après lecture du tout et après avoir paraphé la copie déposée des mots *ne varietur*, ont signé avec le comparant, ledit sieur Teste et nous adjoint.

Vabret, Teste, Paul Guibbaud, menuisier; E.-P. Gasc, conseiller municipal; Jean-Baptiste Tort, Vaute, Joseph Pagès, adjoint, signés à l'original.

Pièce Nº 4.

COPIE

D'une lettre écrite par M. Teste à M. le baron Reille, député de l'arrondissement de Castres, contenant ses prophéties à venir.

Labruguière, le 4 juillet 1869.

A M. le baron Reille, député de l'arrondissement de Castres, à Saint-Amans.

Monsieur le baron,

Sur la promesse que vous avez eu la bonté de me faire, avant votre élection, d'user de votre influent concours et de faire, en votre qualité de député, toutes les démarches nécessaires pour la réalisation des faits à venir qu'il m'a été ordonné de révéler aux puissants de la terre pour qu'ils aient à s'y conformer, selon vos désirs, je vous transmets ci-après, par écrit, les principales prescriptions dont je suis l'indigne dépositaire et l'infime organe, à savoir :

1° Vous devez proposer vous-même, le plus tôt possible, au gouvernement et au Corps législatif, une loi qui sera adoptée par laquelle il sera créé une nouvelle imposition à raison d'un centime par chaque Français du sexe masculin, âgé de quinze ans et au-dessus, et par jour, pour former une masse annuelle destinée à être répartie entre tous les travailleurs français, aussi du sexe masculin, à partir de l'âge de quinze ans et au-dessus, qui, privés de toutes autres ressources, seraient dans l'impuissance de gagner leur vie par incapacité de travail, pour cause de maladie, infirmité ou pour toute autre cause indépendante de leur volonté, jusqu'à l'âge de 75 ans; et indistinctement entre tous les Français mâles indigents au-dessus de cet âge.

Ce secours devra être au moins de 50 centimes par jour pour celui qui devra en profiter.

Les autres puissances de l'Europe imiteront la France pour l'émission d'une semblable loi;

2° Vous devez provoquer une loi ou un décret qui ordonne pour l'avenir, en France, la suspension de tout voyage sur tout chemin de fer, de dix à onze heures du matin, le septième jour de la semaine.

Le gouvernement français devra s'entendre avec les autres cabinets de l'Europe, pour faire en sorte que cette mesure soit adoptée, autant que possible, dans toutes les parties du monde;

3° En l'année 1999 naîtra un enfant extraordinaire destiné à établir partout l'unité de la foi;

4° En vue d'un si grand événement et en l'honneur de ce grand homme, un monument somptueux devant avoir 366 pieds de hauteur doit être élevé sur le lieu qui sera plus tard indiqué.

Il devra se composer à sa base de 36 compartiments, dont les parois seront en marbre blanc. Le surplus de l'édifice pourra être construit en tous autres matériaux;

5° Les frais de cette construction seront supportés indistinctement par tous les peuples, au moyen d'une contribution d'une valeur égale à un quart de centime par an, par chaque individu de tout âge et de tout sexe, pendant l'espace de dix années, sauf augmentation si ces ressources étaient insuffisantes;

6° Chaque peuple devra envoyer, pour faire partie de l'édifice, une pierre sur laquelle seront sculptés les signes hiéroglyphiques, symboliques ou caractéristiques de sa religion;

7° Dans chaque division ou compartiment de l'édifice figurera une de ces pierres;

8° Cet édifice devra être complètement terminé avant la naissance de l'enfant, c'est-à-dire avant l'année 1999.

Ce monument servira d'asile à l'homme de Dieu après avoir rempli sa mission;

9° Un vaste pays où l'on expose les enfants nouveaunés se refusera à payer l'impôt du quart de centime; les grandes puissances de l'Europe, en 1875, pour l'y contraindre, lui déclareront la guerre, le soumettront et le diviseront en quatre parties, dont la possession sera attribuée, une à la France, la seconde à l'Autriche, la troisième à la Russie et la quatrième au pape;

10° La responsabilité du défaut d'exécution des choses ci-dessus prescrites pèsera principalement sur trois têtes couronnées de l'Europe;

11° Les députés et les hommes du pouvoir, ainsi que tous autres qui, par leur position sociale, devraient, dans la mesure de leur part d'influence relative, concourir à la réalisation des faits ci-dessus et qui s'y refuseraient, auront leur part de responsabilité;

12° Si malgré tous les titres que j'ai pour avoir le droit d'être cru sur parole, je n'étais point écouté sur tout ce que je viens de dire, je prédis que les trois têtes couronnées dont j'ai parlé auront une fin déplorable. L'une d'elles se verra dépérir par la putréfaction de ses poumons qu'elle crachera entièrement. La seconde, avant d'expirer, verra sa jambe gauche rongée et dévorée jusqu'aux extrémités des orteils par une innombrable quantité de vers; et la troisième enfin périra, consumée qu'elle sera intérieurement par un feu dont on verra extérieurement la flamme;

13° Toutes les autres personnes qui, par leur position, seraient tenues de concourir, d'une manière secondaire, à la réalisation des mêmes faits et qui s'y refuseraient, seront atteintes de maladie comme les têtes couronnées;

14° Je prédis enfin que l'inexécution de ce qui précède serait punie par une famine générale, causée par les chenilles, qui désolerait et dépeuplerait le globe en l'année 1879.

Voilà ce qui m'a été dit.

Vous seriez bien bon, Monsieur le baron, de vous informer si Napoléon III n'aurait point reçu de M. le Préfet de la Haute-Garonne un écrit de moi, à l'adresse du premier, que j'ai fait parvenir à ce haut fonctionnaire en 1851, en le priant de lui en faire la remise, lors de son passage à cette époque à Toulouse. Cet écrit, entr'autres choses, contenait la prédiction de son prochain avènement au trône.

Je vous prie d'avoir l'extrême obligeance d'user de votre crédit auprès du gouvernement, pour obtenir qu'il veuille bien venir à mon aide, pour me faciliter les moyens de faire un voyage à Rome, en compagnie d'une autre personne dont j'ai besoin d'être assisté pour pouvoir communiquer au Souverain-Pontife un secret important que je dois et ne puis révéler qu'à sa très-vénérable personne.

Je vous prie et vous charge expressément de communiquer la présente lettre au chef suprême de l'Etat. Vous pourrez aussi en faire part à Leurs Excellences MM. les ministres, à MM. vos collègues et à toutes autres personnes qui désireraient en prendre connaissance.

Si, pour quelque cause que ce soit, vous ne jugiez pas à propos de faire ce communiqué à Napoléon III, je vous serai reconnaissant de m'en instruire le plus tôt possible, afin que je puisse moi-même faire cette démarche qui m'est indispensable.

J'attends votre réponse avec impatience.

En vous remerciant d'avance de tous les soins que vous voudrez bien vous donner dans cette affaire, et dans l'espoir que Dieu vous en récompensera,

Je vous prie d'agréer l'assurance, etc.

Pièce N° 5.

COPIE

D'une lettre écrite par M. Vabret à M. le baron Reille, député de l'arrondissement de Castres, à Saint-Amans.

Labruguière, le 4 juillet 1869.

Monsieur le baron,

Votre élection comme député de l'arrondissement de Castres, prédite plus de six mois à l'avance par M. Teste, me confirmant de plus en plus dans la conviction où j'étais de l'empreinte prophétique dont semblent marqués tous ses dires, j'ai cru devoir vous adresser une expédition du procès-verbal que j'ai fait dresser par M. le premier adjoint au maire de la commune de Labruguière, le 22 avril dernier, et de la pièce qui y est annexée, afin que vous y ayez tel égard que votre sagesse et votre prudence vous dicteront.

L'importance, la justice et l'opportunité de la loi que M. Teste prévoit que vous présenterez avec succès, écartent toute idée d'invention de la part de celui dans l'esprit de qui elle a pris naissance, par l'impossibilité où son ignorance le met d'en apprécier les vrais rapports et les justes motifs, lui donnent par conséquent, selon moi, un caractère tout providentiel et me semblent un sûr garant de la réussite d'une pareille proposition.

En effet, les mesures d'ordre public qui ont été prises en 1860 contre la mendicité, quoique excellentes en elles-mêmes, manquent de justice et j'oserai dire d'humanité, en assimilant au malfaiteur et au vagabond l'honnête homme privé de tout moyen d'existence, en le condamnant à mourir de faim, et en lui déniant le droit de s'adresser à ses semblables plus favorisés des biens de la fortune, pour en obtenir les secours et les soulagements que le législateur aurait dû être plus soucieux de créer pour légitimer la rigueur de ces mesures, et adoucir autant que possible l'immense plaie du paupérisme.

En comblant cette lacune, la nouvelle loi corrigerait une grande injustice, montrerait la société à la hauteur du temps où nous vivons, introduirait heureusement la charité chrétienne dans la législation civile, adoucirait les mœurs en habituant l'individu à ne considérer l'humanité que comme une grande famille dont il est membre, et à modifier insensiblement son égoïsme dans ce qu'il peut avoir de trop exclusif au préjudice de l'intérêt de tous, populariserait le gouvernement, rapprocherait les parties, calmerait l'irritation des classes inférieures et désarmerait les ennemis de l'ordre en leur ôtant tout prétexte de faire des révolutions.

Par tous ces motifs qui sont en parfaite harmonie avec les nobles sentiments, bien connus, que vous professez, je ne doute point, Monsieur le baron, que vous ne teniez à honneur d'être le promoteur d'une loi qui, à mon avis, aurait les plus heureuses comme les plus incontestables conséquences.

Je n'ai encore rien appris de ma supplique à l'Empereur. Si vous en saviez quelque chose, je vous serais très-reconnaissant de me faire l'honneur de m'en instruire.

L'ensemble de toutes les circonstances de cette affaire me paraît mériter une sérieuse attention du pouvoir, malgré tout ce qui, au premier abord, peut paraître choquer la raison.

Ci-joint l'expédition du procès-verbal plus haut mentionné et de la copie qui y est annexée, avec une lettre de M. Teste qui est à votre adresse.

Afin que vous soyez parfaitement édifié sur toutes choses, je joins à mon envoi une copie de ma supplique.

Agréez, Monsieur le baron, etc.

Pièce N° 6.

COPIE

Des notes qui sont parvenues officiellement à M. le Maire de la commune de Labruguière, le 5 août 1869.

Le baron Reille a soumis à l'Empereur les pièces que M. Vabret lui a envoyées au nom de M. Teste. Sa Majesté ne pouvait se prononcer sur cette pétition qui, au point de vue des prédictions, concerne le gouvernement entier.

Mais en ce qui regarde le voyage à Rome projeté par M. Teste, qu'il demande purement et simplement un secours à l'Empereur pour l'entreprendre. M. Reille se fera un plaisir de soumettre cette demande à la bienveillante attention de Sa Majesté.

Pièce N° 7.

COPIE

*D'une supplique adressée à Napoléon III
par M. Teste.*

Labruguière, le 16 septembre 1869.

A Sa Majesté Napoléon III, Empereur des Français.

Sire,

Le soussigné a l'honneur d'exposer très-humblement que parmi les révélations qui lui ont été faites, et dont celles concernant le gouvernement français ont été soumises à la haute appréciation de Votre Majesté par M. Vabret, agissant au nom du soussigné, par sa supplique du 20 mars dernier, il en est qui intéressent puissamment le Souverain-Pontife, qu'il lui est expressément interdit de dévoiler à tout autre qu'à la très-vénérable personne de Sa Sainteté.

Etant obligé de faire un voyage à Rome dans le courant du mois de septembre prochain, en compagnie d'une personne dont l'assistance lui est indispensable, il supplie très-respectueusement la bienveillante magnanimité de Votre Majesté de vouloir bien lui accorder les moyens nécessaires pour faire ce voyage.

Ce fesant, Elle obligera celui qui a bien l'honneur d'être, etc.

Pièce N° 8.

COPIE

D'une supplique à l'Empereur au nom de M. Teste par M. Vabret.

Labruguière, le 3 octobre 1869.

A Sa Majesté Napoléon III, Empereur des Français.

Sire,

Le soussigné J.-L. Vabret, ancien notaire, aujour-d'hui rentier, habitant à Labruguière, a l'honneur d'ex-poser très-respectueusement à Votre Majesté les faits suivants.

Agissant au nom du sieur Teste, ancien potier, habi-tant audit lieu de Labruguière, il y a quelques mois, j'ai eu l'honneur de soumettre à la haute appréciation de Votre Majesté la relation et l'attestation de bien des prophéties par lui annoncées dès l'année 1820 jusqu'au 6 décembre 1867, de faits très-importants mais simples de leur nature, qui devaient nécessairement arriver.

Le 6 décembre 1867, la même voix qui avait été l'auteur des premières révélations s'est fait entendre de nouveau au sieur Teste, lui faisant d'autres révélations mixtes d'événements plus importants encore, devant se réaliser dans un avenir plus ou moins éloigné, mais accompagnées d'avertissements portant sur des faits facultatifs purement humains, dont l'exécution ou l'inexécution doit modifier conditionnellement et fondamentalement ces événements, de manière à les rendre impossibles dans le premier cas et inévitables dans le second.

De là la grande différence que le sieur Teste a mise dans sa manière d'agir pour les deux genres de prophéties.

Pour la première catégorie de ses révélations, c'est-à-dire celles qui sont présentement réalisées qui n'avaient que leur côté curieux ou intéressant comme prédiction, quarante-huit ans se sont écoulés sans que le prophète, malgré leur réalisation, ait cru devoir remuer le monde en leur donnant de l'éclat par des démarches soutenues et opiniâtres et par une publicité qui auraient pu tourner, il est vrai, à son grand avantage, mais qui n'auraient pu changer en rien l'accomplissement des faits annoncés.

D'un autre côté, privé qu'il était de toute instruction, l'obscurité d'une existence qui n'avait d'autre relief que celui que lui donnait son humble métier de potier, ne pouvait guère lui permettre, dans le milieu où il vivait, d'étendre sa réputation de prophète au-delà des limites du canton où il résidait.

Pour ce qui est de la seconde catégorie de révélations, c'est-à-dire celles à venir qui portent sur les plus grands évènements qu'il soit donné à l'espèce humaine d'avoir

à craindre ou à espérer, il ne lui était plus possible de
rester dans le silence, et l'immense intérêt qui s'attache
pour l'humanité entière à la nature de cette espèce de
faits, créait pour lui un devoir et un besoin des plus
impérieux d'agir de toutes les manières, à l'exemple des
anciens prophètes, pour réveiller l'attention des peuples,
si difficile à fixer en pareille matière, sur les malheurs
dont ils sont menacés s'ils négligent de faire ce que ces
révélations prescrivent, relativement aux moyens qu'elles
indiquent pour les prévenir, et pour les presser d'entrer
résolument dans la voie de salut qui leur est ouverte.

C'est donc seulement aujourd'hui que le sieur Teste,
âgé de 81 ans, accompagnés d'une santé débile et chan-
celante qui le placent sur la limite de deux mondes, un
pied dans la fosse et l'autre près d'y tomber; que dégagé
de toutes préoccupations d'intérêts matériels et mon-
dains, n'ayant devant lui que la sombre et triste perspective de sa fin prochaine, ne pouvant être mu par
d'autres mobiles de sa grande sollicitude et de ses pres-
santes exhortations que par la force irrésistible de la vérité, la conviction la plus profonde d'avoir à remplir le
plus sacré des devoirs et le plus vif intérêt qu'il porte à
ses semblables; qu'armé de toute l'autorité qu'assume
sur sa tète son expérience sur la solidité de ses prévisions, éprouvée par plus de la moitié toute prophétique
d'une longue existence, il ose venir dire aux peuples et
aux rois :

J'arrive au terme de ma carrière. Le temps presse.
Ecoutez-moi, tant qu'il en est temps encore. Ma mission
est prouvée. J'ai, malgré mon indignité, le dépôt des
secrets de l'avenir !....

La lumière qui jaillit du passé est assez vive pour répandre, à travers le voile épais qui nous cache l'avenir, assez de clarté pour qu'il vous soit permis de distinguer dans ses sombres profondeurs, ce qui doit faire le sujet de vos espérances et de vos craintes ; c'est à vous de choisir ; car par la même raison que toutes mes prédictions passées ont été exactement vérifiées, par la même raison toutes celles à venir s'accompliront aussi jusqu'à un *iota*.

Tout à la fois vieux et malade, je ne suis pas sûr d'être demain du nombre des vivants. Commencez à travailler à ce qu'il importe qui soit fait ; car je n'ai pas encore tout dit, et je ne pourrai tout dire ni mourir content qu'après avoir appris que vous avez mis la main à l'œuvre, dans la crainte où je suis qu'après moi vous ne vous souveniez plus du testament que je lègue à la postérité, et que la génération présente ne se laisse surprendre par la terrible et épouvantable calamité dont elle est menacée dans l'indifférence du doute sur la vérité de ce que j'annonce.

Les demi-mesures dans les questions relatives aux prophéties à venir du sieur Teste, ne peuvent suffire pour satisfaire à leurs exigences. Il est de toute rigueur que ce qui est porté dans sa déclaration écrite ci-après relatée, principalement en ce qui touche la contribution du quart de centime et toutes les circonstances relatives au monument en question, soit autant que possible exécuté.

Et comme il y a pour le prophète obligation stricte de donner connaissance de ses prophéties, et de tout ce qui y est relatif aux empereurs de France, d'Autriche et de Russie, il a encore à en instruire ces deux derniers empereurs.

Attendu que ses moyens de fortune ne lui permettent

point de faire des voyages ; dans l'impuissance absolue
où il est de satisfaire personnellement à une semblable
obligation, le seul moyen qu'il croit avoir à sa disposi-
tion de s'en légitimement décharger, c'est de supplier
Votre Majesté de vouloir l'excuser s'il sollicite de sa
bonté qu'Elle veuille bien ordonner le communiqué de
toutes les pièces de cette affaire à ces deux Majestés.

Il n'en est pas de même du voyage qu'il a à faire à
Rome, qu'il ne peut se dispenser d'effectuer en personne,
puisque les communications importantes qu'il a à soumettre au Souverain-Pontife doivent lui être particu-
lières, et ont pour objet un secret important qu'il ne peut
découvrir qu'à Sa Sainteté.

Tout ce qu'il croit pouvoir se permettre, quant à présent, de dévoiler des conséquences de ce secret, comme
devant faire partie des suites peu éloignées et *infailli-
bles* de ces communications, c'est que quelque temps
après son voyage à Rome, l'Espagne sera pacifiée par
l'élection que ce pays fera d'un souverain sur la désigna-
tion nominative qui en sera faite par le Saint-Père ; et
que cette puissance sera la première à souscrire la contribution du quart de centime prescrite pour l'érection
du monument mentionné dans sa déclaration prophétique
ci-après énoncée.

Aussi le sieur Teste redouble-t-il par mon intermé-
diaire toutes ses instances qu'il m'a prié de porter jus-
ques aux pieds du trône de Votre Majesté, à l'effet de lui
rappeler la demande qu'il a eu l'honneur de lui adresser
par sa supplique en date du 16 août dernier, relative au
secours dont il aurait besoin pour faire le voyage projeté
qui devrait avoir lieu au plus long terme vers la fin d'octobre courant, après lequel terme ce secours deviendrait
inutile.

D'un autre côté, le sieur Teste aurait un pressant be.
soin d'être instruit des dispositions qui animent Votre
Majesté, touchant ses prophéties.

Et comme devant la volonté de la majesté infinie du
Tout-Puissant, de quelque manière qu'elle soit manifes-
tée, toute puissance humaine s'évanouit, toute inégalité
sociale s'efface, et tout ce qui, en un mot, n'est pas elle,
s'anéantit ;

Considérant que sous sa main toute puissante tout se
nivelle, et que qui que nous soyons, savants ou igno-
rants, puissants ou faibles, nous ne sommes, sans dis-
tinction, que les débiles, aveugles volontaires ou in-
volontaires, instruments passifs et périssables de ses
adorables et impénétrables desseins, le sieur Teste,
malgré l'obscurité de sa condition, à l'effet de couvrir
sa responsabilité, supplie Votre Majesté de daigner l'ho-
norer en lui faisant savoir, dans le délai de dix jours,
d'une manière expresse et formelle, si Elle adopte,
comme les croyant vraies, ou si elle rejette comme les
croyant fausses, ses prédictions à venir contenues dans
la déclaration signée de lui qui accompagnera cette
humble supplique. Et si, dans le cas de l'affirmative,
Elle est disposée à prendre toutes les mesures et à faire
toutes les démarches nécessaires qui dépendront d'Elle,
pour en obtenir la réalisation dans le sens le plus avan-
tageux et le plus favorable.

Le soussigné a l'honneur d'être, avec le plus profond
respect, etc. (1).

_____

(1) Cette déclaration prophétique est la même que celle qui
est contenue dans la lettre de M. Teste à M. le baron Reille,
ci-dessus transcrite, folio 21.

Pièce N° 9.

COPIE

D'une dépêche télégraphique adressée par M. Teste à Sa Majesté l'Empereur à Paris, le 30 octobre 1869.

M. Teste, ancien potier à Labruguière (Tarn), ne peut s'empêcher, pour la dernière fois, de demander, d'autorité, que Votre Majesté, dans ses plus chers intérêts, lui fasse parvenir immédiatement, ou, au plus tard, dans trois jours, à partir de la réception de la présente, sa réponse quelle qu'elle soit aux questions qui lui ont été posées, touchant les prophéties à venir du soussigné.

TESTE, signé.

Ici finit le compte-rendu de cette importante affaire.

Fidèle à la ligne de conduite que nous nous sommes tracée de ne porter, quant à présent, par nos remarques et nos réflexions, dans une affaire aussi sérieuse et aussi grave que celle que nous traitons, aucune atteinte à la liberté et à l'indépendance d'appréciation et de jugement du bon sens public, nous laisserons à chacun le soin de juger si, indépendamment des preuves matérielles et irréfragables contenues dans ce mémoire sur les prédictions vérifiées, on peut se défendre d'en remarquer d'une autre nature qui sont toutes de pur raisonnement, en ce qui concerne celles à venir, dans la disproportion qui existe, d'un côté, entre la faible intelligence et le manque complet d'instruction de l'auteur de ces prédictions, et d'autre part la haute portée, l'harmonie et l'accord parfait qui se font remarquer dans leur ensemble; laissant au lecteur le mérite et la satisfaction de découvrir lui-même par un examen approfondi, la liaison et les rapports qui rattachent ces dernières prédictions entre-elles, de manière à faire de toutes les parties qui les composent un tout homogène.

Nous nous réservons néanmoins d'entrer plus tard nous-même dans ces détails; et quoique les preuves matérielles, indiscutables que nous avons mises en avant au commencement de ce livre, soient, par leur nature, les seules propres à convaincre d'erreur les partisans du matérialisme qui se font gloire d'avoir trop d'esprit pour n'être pas dispensés de croire qu'ils en ont un, et qui, par cette raison, sont bien loin d'admettre comme vrai, en dehors de la matière, rien de ce qui relève du domaine surnaturel. Nous ne laisserons pas, pour les intelligences plus dégagées et plus raisonnables, d'entrer, quand il en sera temps, dans tous les développements que comportera ce nouveau genre de preuves.

Nous prenons l'engagement pour l'avenir, quand l'importance des faits et l'abondance des matières concernant cette cause nous le permettront, de tenir le public au courant de tous les incidents et de toutes les circonstances qui seront de nature à l'intéresser.

FIN.

www.ingramcontent.com/pod-product-compliance
Lightning Source LLC
Chambersburg PA
CBHW060739280326
41934CB00010B/2280